CW01191528

Este libro es para ti, Sara.

*Buscan y no hallan
el significado de la música.*
John Ashbery

Obra ganadora del Premio Hispanoamericano de Poesía para Niños 2017

El jurado estuvo conformado por Martha Riva Palacio, María Emilia López y Luigi Amara

Primera edición, 2018

García, Luis Eduardo
    Una extraña seta en el jardín / Luis Eduardo García ; ilus. de Adolfo Serra. — México : FCE, FLM, 2018.
      [56] p. : ilus. ; 24 × 18 cm
    ISBN: 978-607-16-5827-2

    1. Poesía Infantil 2. Literatura Infantil I. Serra, Adolfo, ilus. II. Ser. III. t.

LC PZ7   Dewey 808.068 G532e

Distribución mundial

© 2018, Luis Eduardo García García, por el texto

Este libro se escribió con el apoyo de la beca del Programa de Estímulo a la Creación y al Desarrollo Artístico de Jalisco 2014.

© 2018, Adolfo Serra, por las ilustraciones

D. R. © 2018, Fundación para las Letras Mexicanas, A. C.
Liverpool, 16; 06600 Ciudad de México
www.flm.mx

D. R. © 2018, Fondo de Cultura Económica
Carretera Picacho Ajusco, 227; 14738 Ciudad de México
www.fondodeculturaeconomica.com
Comentarios: librosparaninos@fondodeculturaeconomica.com
Tel.: (55)5449-1871

Colección dirigida por Socorro Venegas
Edición: Susana Figueroa León
Diseño gráfico: Miguel Venegas Geffroy

Se prohíbe la reproducción parcial o total de esta obra, por cualquier medio, sin el consentimiento por escrito del titular de los derechos correspondientes.

ISBN 978-607-16-5827-2

Impreso en México • *Printed in Mexico*

Una extraña seta en el jardín

Luis Eduardo García
Adolfo Serra

f,l,m.
fundación para las
letras mexicanas

Fondo
de Cultura
Económica

NATURALEZA I

Te diré algo importante:
hay cosas que nos llaman desde siempre
¿entiendes?

Como si un hilo invisible nos atara.

A veces quieres, por la noche
de forma incontrolable entrar al mar, porque algo late
(dentro de ti, del agua, no lo sabes).
O incluso mientras duermes
una canción invade tu cabeza.

Así es

eso que observas en el cielo cada tanto
es Venus.

Toda tu vida te atraerán algunos brillos.

ESCONDIDAS I

El pez estambre
se oculta del pez gato
entre la arena.

UN NUEVO COMIENZO I

Marmotas en una nube. Liebres patinando sobre el hielo.
Tiranosaurios bailando la polka.
Murciélagos en un globo de cristal.

El mundo puede
y debe ser otra cosa.

CUENTO PARA DORMIR NIÑOS FANTASMA I

El señor Howe extrañaba al señor morsa
(que se había perdido en el mar).
Era el mejor de los amigos;
buceaba como un campeón
y sabía mil historias de piratas.

El señor Howe estaba triste.
El señor Howe estaba solo.

Un día un joven tocó a su puerta.
Era agradable y divertido.
¡Un nuevo amigo, qué alegría!

Le regaló un par de colmillos
brillantes como garfios.
Lo disfrazó de morsa y le enseñó a nadar.

Ahora son inseparables, pescan y buscan tesoros.
Cuando uno dice: "¡Ou, ou!"
El otro grita: "¡Allá voy!"

TE EXPLICO ESTO A TUS CINCO AÑOS

No tengas miedo de la muerte
lindura
no lame
no baila
feas canciones
no tengas miedo de sus luces

al fondo hay una alberca infinita.

EFECTO DE UN POEMA (DESCRIPCIÓN GRÁFICA)

Una polilla invisible hizo agujeros en tu cerebro y nunca los podrás tapar.

NATURALEZA II

Algunos creen que proviene de una herida; otros, de una música que aparece de la nada. Puede ser, aunque a veces pienso que todo es producido por un tipo de insecto que se mueve cauteloso entre el oído y el cerebro.

Una vez vi un documental acerca de un hombre que tenía una cucaracha alojada en la cabeza. El pequeño animal se metió por su oreja y lo hacía aullar cada cierto tiempo. Luego vi (o soñé) otro documental en el que una clase distinta de bicho, siguiendo el mismo *modus operandi,* provocaba que una mujer ejecutara siempre una hermosa danza rumana antes de acostarse.

En ambos casos, el insecto ya muerto era extraído al final y los pacientes regresaban a la normalidad.

No sé qué significa eso.

UN NUEVO COMIENZO II

Había una princesa de alambre
en un castillo de nieve.
Eso es todo.

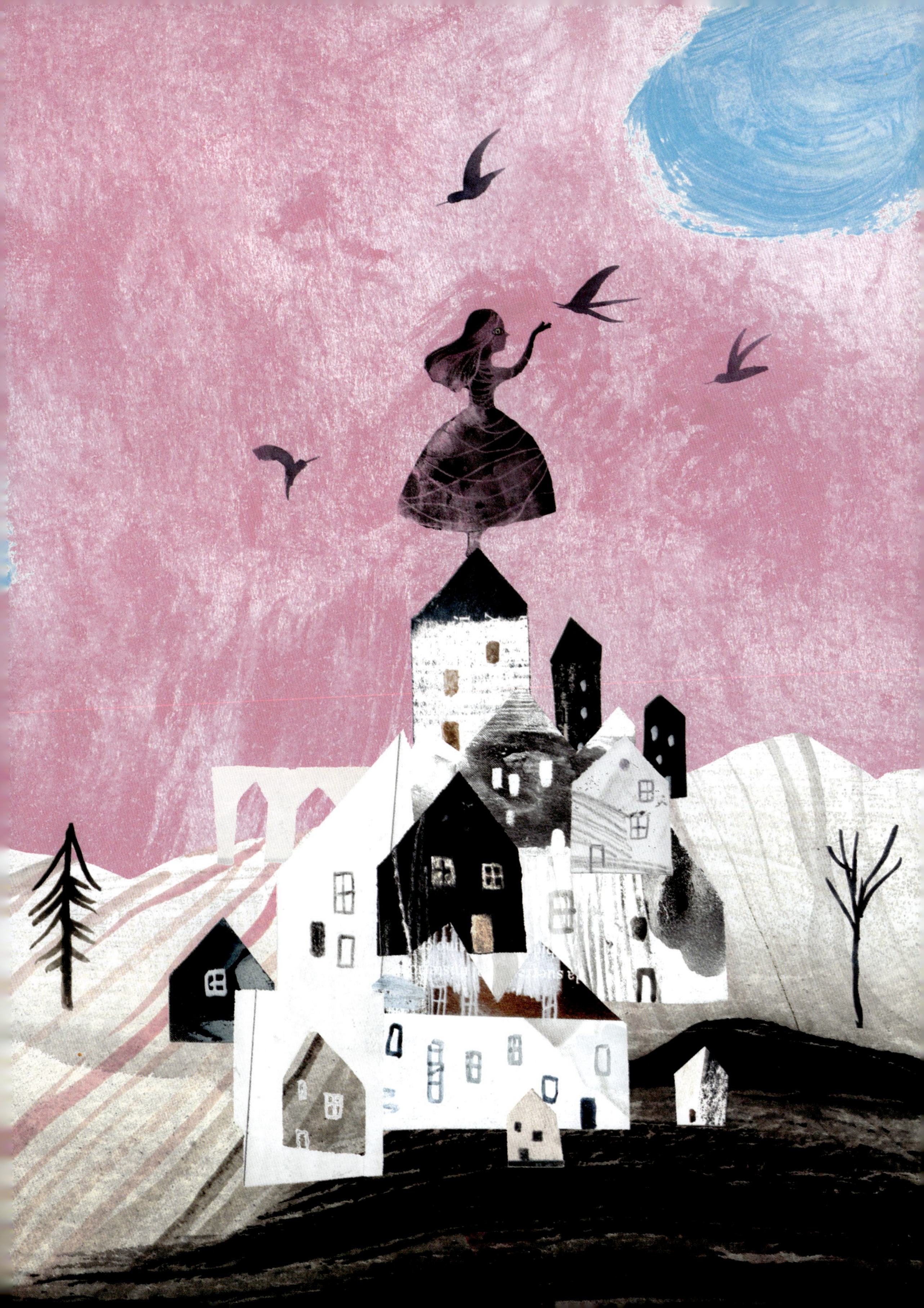

CUENTO PARA DORMIR NIÑOS FANTASMA II

Los gusanos zombis se alimentan de los restos de peces y cetáceos que caen al fondo del mar.

Se adhieren a los esqueletos y les realizan pequeñas perforaciones, mismas que utilizan para ramificarse hacia adentro.

Una vez que logran invadir todo el sistema óseo, sus enzimas secretan un ácido que lo disuelve químicamente, formando una sabrosa miel.

Luego de absorber hasta la última gota, se cubren con arena y cuentan caballitos de mar hasta quedarse dormidos.

TE EXPLICO ESTO A TUS QUINCE AÑOS

No tengas miedo de la muerte

no hace ruido
no huele
no tengas miedo de su escarcha
no sentirás dolor
no habrá nadie
no estarás ahí
no tengas
un cajón para el frío
será sólo un segundo

no tengas miedo de la muerte
lindura
somos gusanos dejando hilos de seda
sobre el agua.

AMOR CONSTANTE MÁS ALLÁ DE LA HIGIENE

Rapunzel tenía largos cabellos dorados y muchos piojos.

Lo intentó todo: limón, bicarbonato, gasolina;
pero los piojos eran muy resistentes.

Todos los príncipes que intentaban rescatarla
cambiaban de opinión al ver tal cantidad de bichos.
Tantos tenía que su cabello parecía de dos colores.

Una mañana, cuando Rapunzel ya pensaba en poner nombre
a cada piojo, subió un aroma a queso rancio hasta la torre.
Era el Príncipe Mugre en su apestoso caballo.

Mugre trepó por la escalera de piojos
y cabellos hasta llegar a Rapunzel.

A ella no le gustó el príncipe y prefirió quedarse en la torre,
pero se hicieron mejores amigos desde entonces.

Algunos de sus piojos se casaron y viven muy felices
alternándose en las cabezas de ambos.

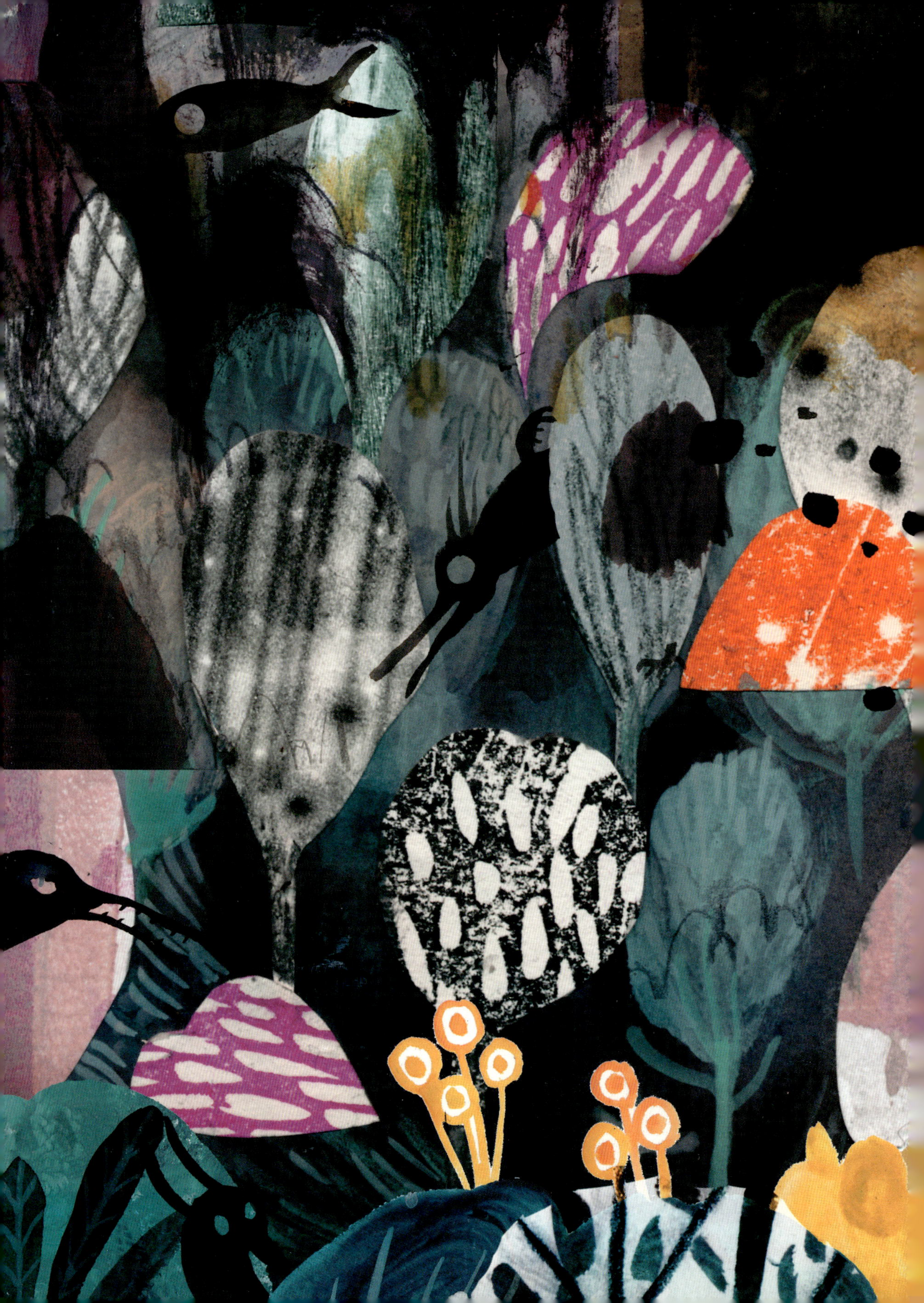

NATURALEZA III

También hay pirañas. Reptiles.
Hombres lobo.

De vez en cuando hay que alejarse de la luz
y la belleza.

La potencia también vive en otras partes.

UN NUEVO COMIENZO III

Había una princesa de alambre en un castillo de nieve.

La princesa quería aprender a bailar como los manatíes, pero sus hebras eran muy finas y podían romperse. El rey y la reina le prohibieron bailar.

Ella se puso muy triste, así que escapó del castillo con su mejor amigo, el señor caracol. Juntos buscarían la tierra de los manatíes pasando el valle plateado.

Esa noche caminaron hasta que escucharon música salir de una madriguera (en la tierra de los manatíes siempre había fiesta). Habían llegado.

Cenaron y cantaron mucho. Después sus nuevos amigos los invitaron a bailar. La princesa los miraba brillar en la pista y reía, ¡nunca había visto algo tan lindo! Bailó con cuidado para no quebrarse. Luego de quince minutos se aburrió; los manatíes no eran tan divertidos y sudaban demasiado.

Regresaron al valle.

La princesa de alambre y el señor caracol caminaron de prisa para llegar al castillo a desayunar.

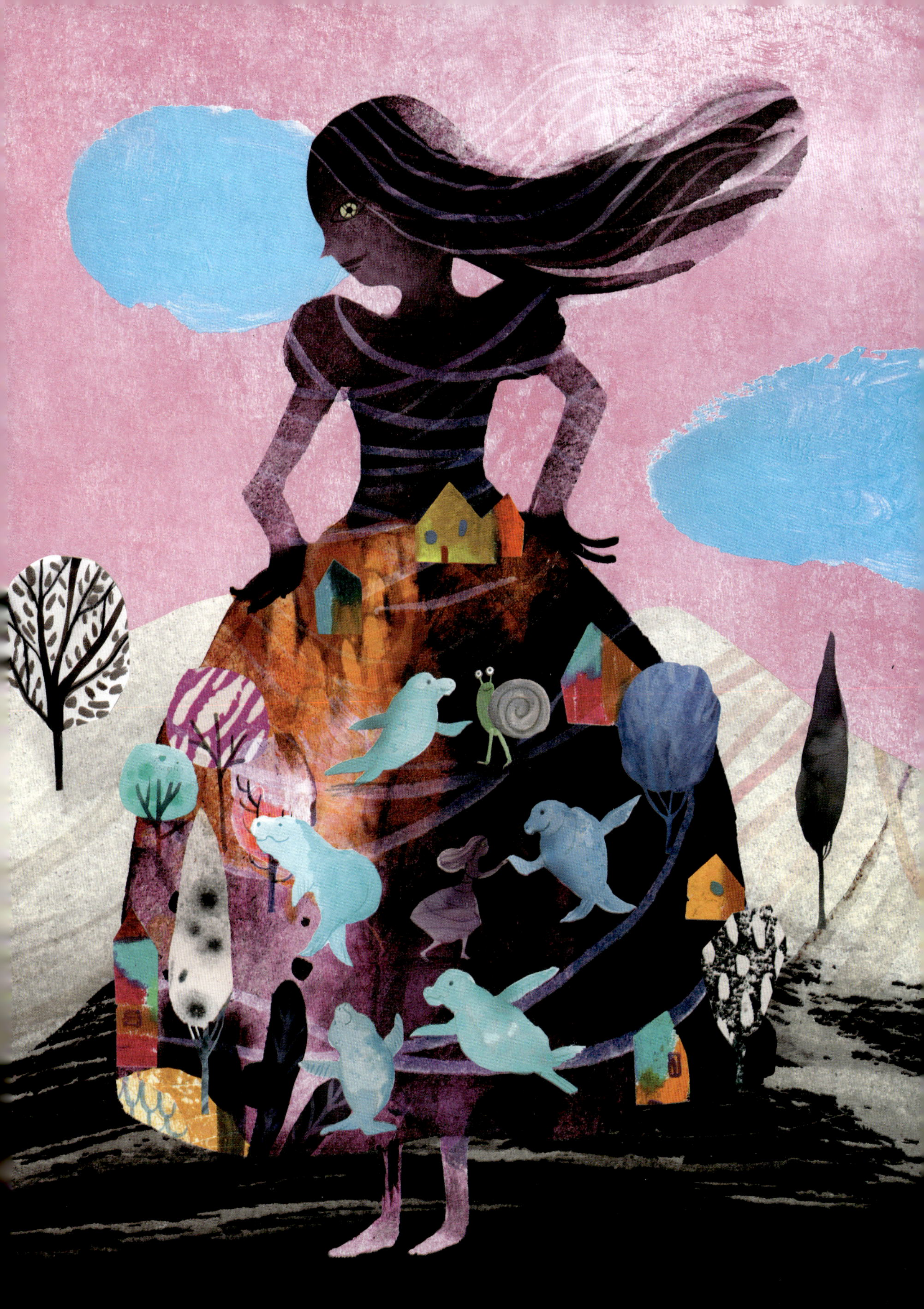

CUENTO PARA DORMIR NIÑOS FANTASMA III

Los pelirrojos son bellos. Parecen peces o pájaros grandes.

Pocas personas saben que los pelirrojos son extraterrestres que están aquí para robar nuestros óxidos de hierro (los usan como combustible para sus máquinas de música).

Un pelirrojo de edad avanzada me contó todo esto mientras metía en una bolsa la herrumbre de mi asador.

Luego me dijo que en realidad sólo regresaban a su planeta por compromiso. Desde hace varios siglos tienen prohibidas las albercas inflables y la nieve.

Cuando tuve confianza le platiqué mi teoría de que los pelirrojos son pájaros o peces disfrazados. Se molestó tanto que me picoteó el rostro y se fue nadando por la alcantarilla.

UNA EXTRAÑA SETA EN EL JARDÍN

Todo en este espacio
ha sido cuidadosamente planeado.
Un jardín es una pequeña ciudad:
aquí el pasto recortado, allá
los rosales.
Todo está bajo control
y crece a un ritmo predecible
(las pequeñas variaciones
están contempladas).

Cada elemento posee un significado definido,

excepto aquella seta que no deja de brotar.

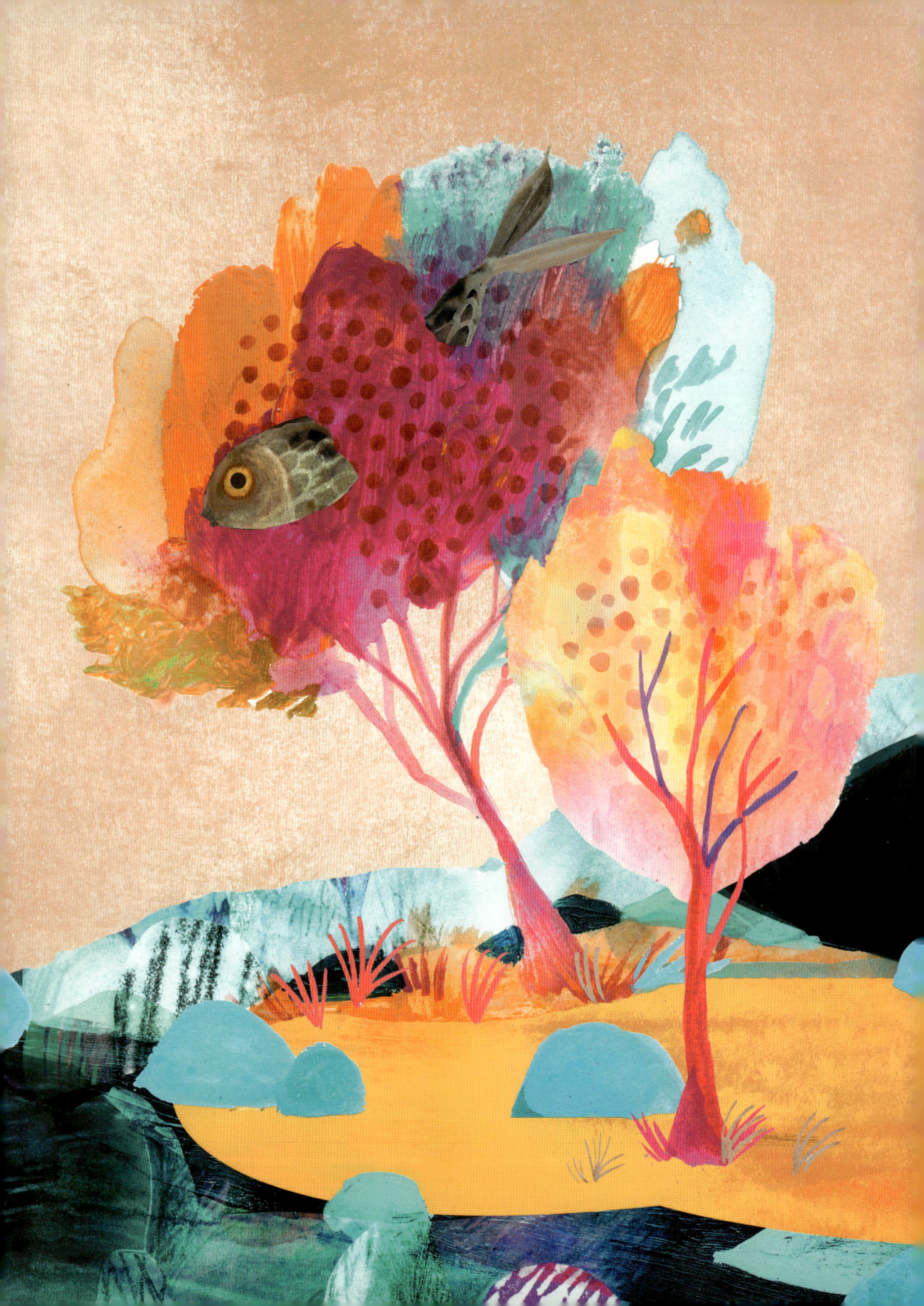

NATURALEZA IV

Se trata de hacer una cadena
resistente. Una red.
No son historias. Son frutos que atrapas
en medio de la música. Zorros sembrando cerezos.
Si digo: "Tu pez ha saltado de la pecera",
tu pez morirá. Si un poema dice lo mismo
el pez saldrá a la calle caminando.
Después no sé qué pase. Pero
escucha. Eso es todo. Toma un par de brillos.
No busques entenderlos. No busques un mensaje
porque no lo encontrarás.

**CUENTO PARA DORMIR
NIÑOS FANTASMA IV**

Con una familia de medusas transparentes
vivía Cletus.
Su cuerpo era rojo y tenía ojos azules.
Ninguno de sus hermanos lo quería;
se burlaban de sus colmillos
y de su enorme cabeza.

Cuando jugaban a ser soles jamás lo invitaban.

Un día sus padres le confesaron que era adoptado.
Cletus huyó de casa.
Nadó y nadó hasta encontrarse con un oscuro abismo
(el pobre deseaba perderse para siempre).

A punto de entrar, Cletus escuchó una voz:
—Hola, ¿cómo te llamas?
—Cletus, la medusa.
—No eres una medusa, sino un calamar vampiro,
como yo; tienes colmillos y capa.

Entonces supo que ya no estaría solo.

Felices, ambos recorrieron los mares
asustando medusas por toda la eternidad.

LA OBSERVACIÓN DE LAS MAQUETAS DEL SISTEMA SOLAR PRODUCE MONSTRUOS I

Todo lo vivo posee un pulso vital.

Aunque similar, es distinto en cada uno.

Los árboles poseen un pulso secreto que jamás conoceremos. El pasto. Las ostras.

Si te concentras puedes escuchar el pulso del lenguaje.

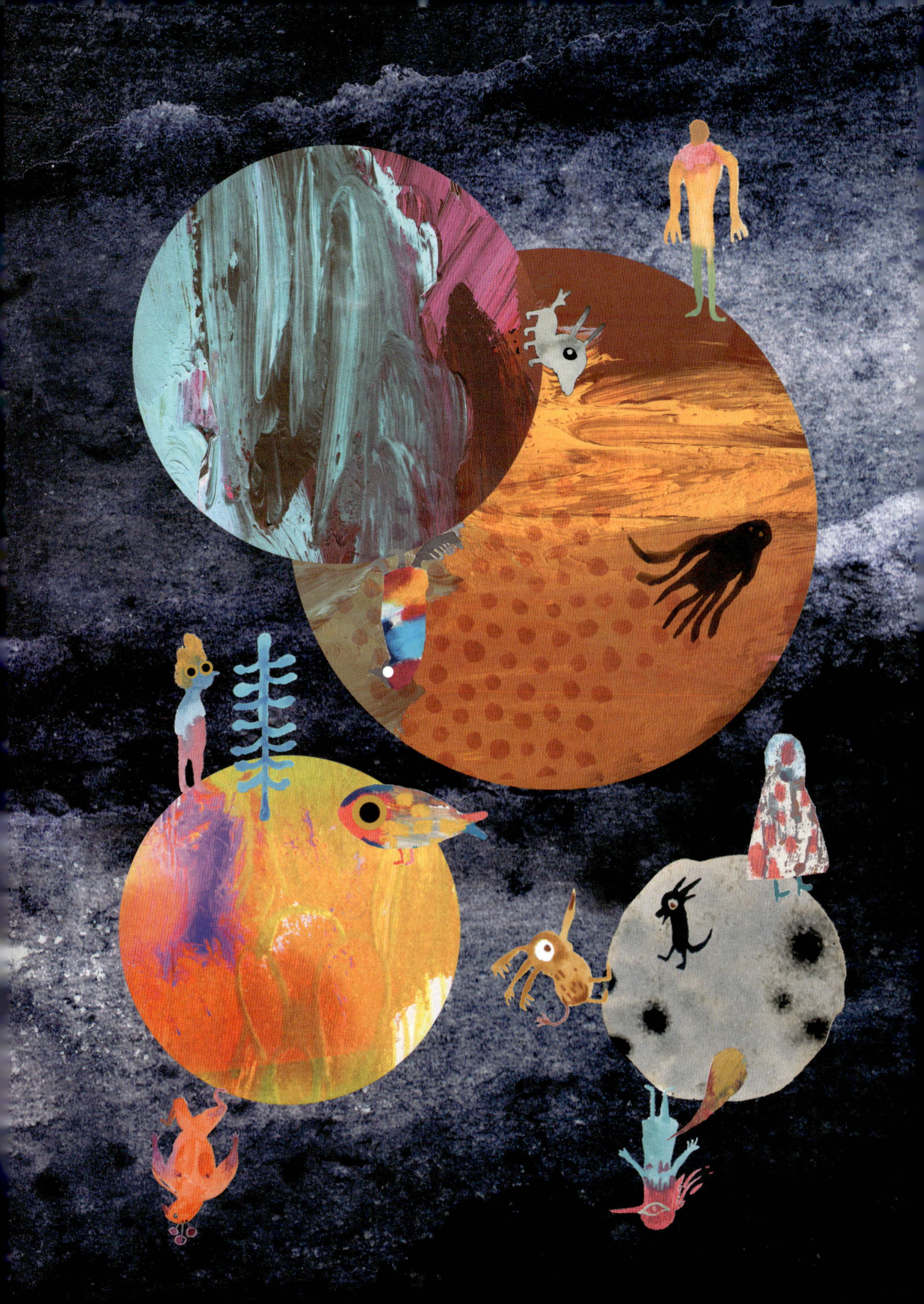

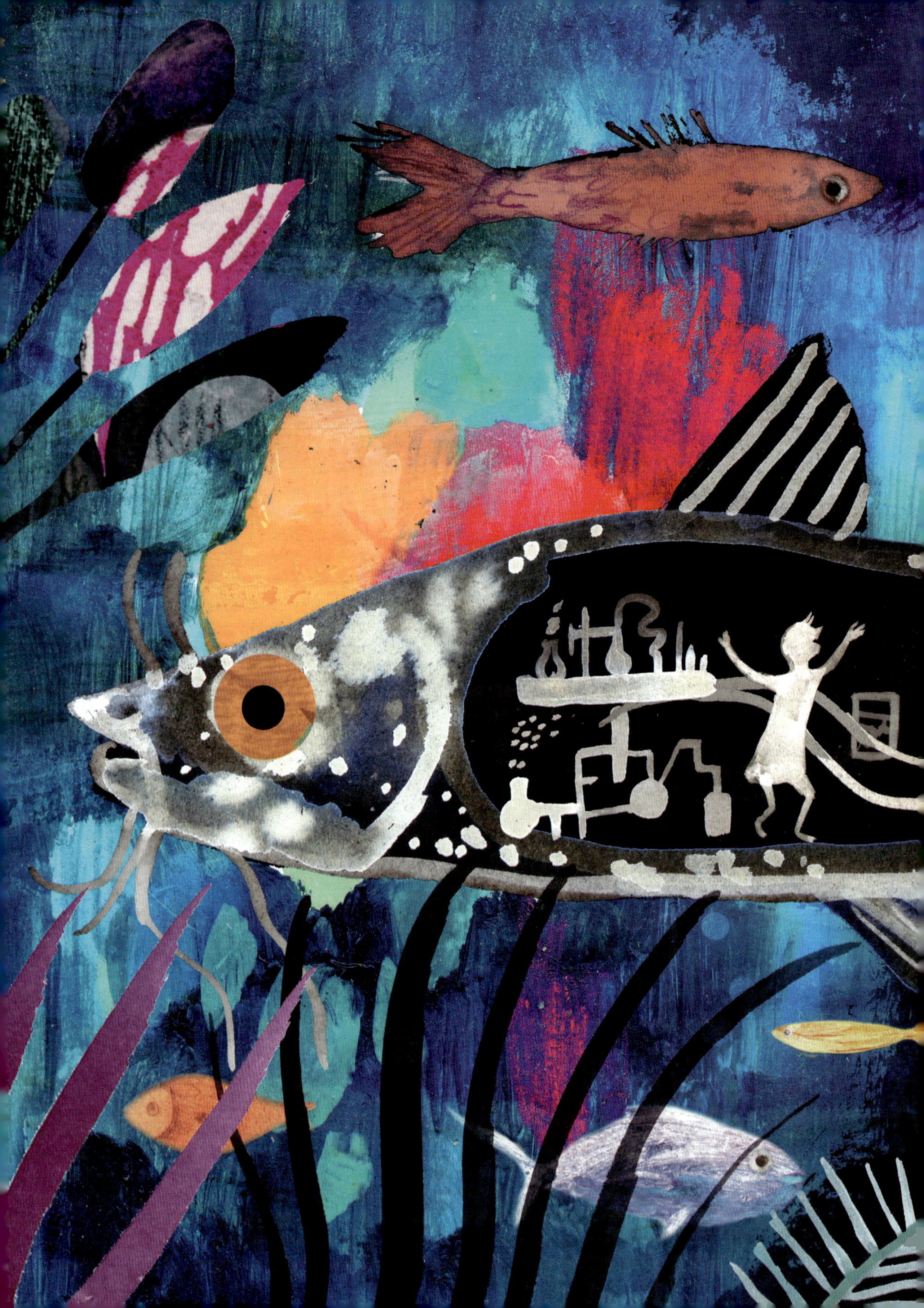

NATURALEZA V

No lo creerás, pero una vez tenía la firme idea de escribir un pequeño poema sobre un pez gato que buscaba a otro pez para jugar en el fondo del mar, y en lugar de hacer tal cosa terminé escribiendo acerca de un científico loco que en un futuro más o menos lejano, logró trasladar la esencia de un poeta muerto a una mascota virtual. ¿Cómo pasó? No lo sé. Preguntaré a un arquitecto si alguna vez quiso hacer el diseño de una cancha de tenis y al final lo que obtuvo fueron los planos para robar un banco.

LA OBSERVACIÓN DE LAS MAQUETAS DEL SISTEMA SOLAR PRODUCE MONSTRUOS II

Sabemos muy poco de la música.

¿No has pensado que podría ser un virus
que poco a poco nos destruye
o basura espacial que se transformó al llegar aquí?

Creemos que es nuestra, pero si murmura un poco
logra movernos en el acto.

Escucha: es la manera en la que los fantasmas dicen *ven*.

NATURALEZA VI

(Esbozo)

El poema será sobre un ciervo.
Pastará tranquilo rodeado de luz anaranjada
e insectos voladores.
No, sólo insectos
en una rama seca. Mostrará la descomposición de todas las cosas.
Dos ancianos
observando una rama cubierta de hongos.
Alguien los mira.
No hay ancianos. No hay ramas.
Una niña juega sobre un ciervo de madera.

(Poema)

Todos los ciervos
terrestres
fueron abducidos
por alienígenas con forma de esfera.
En su mundo
las astas y la descomposición
son lo más perfecto que existe.

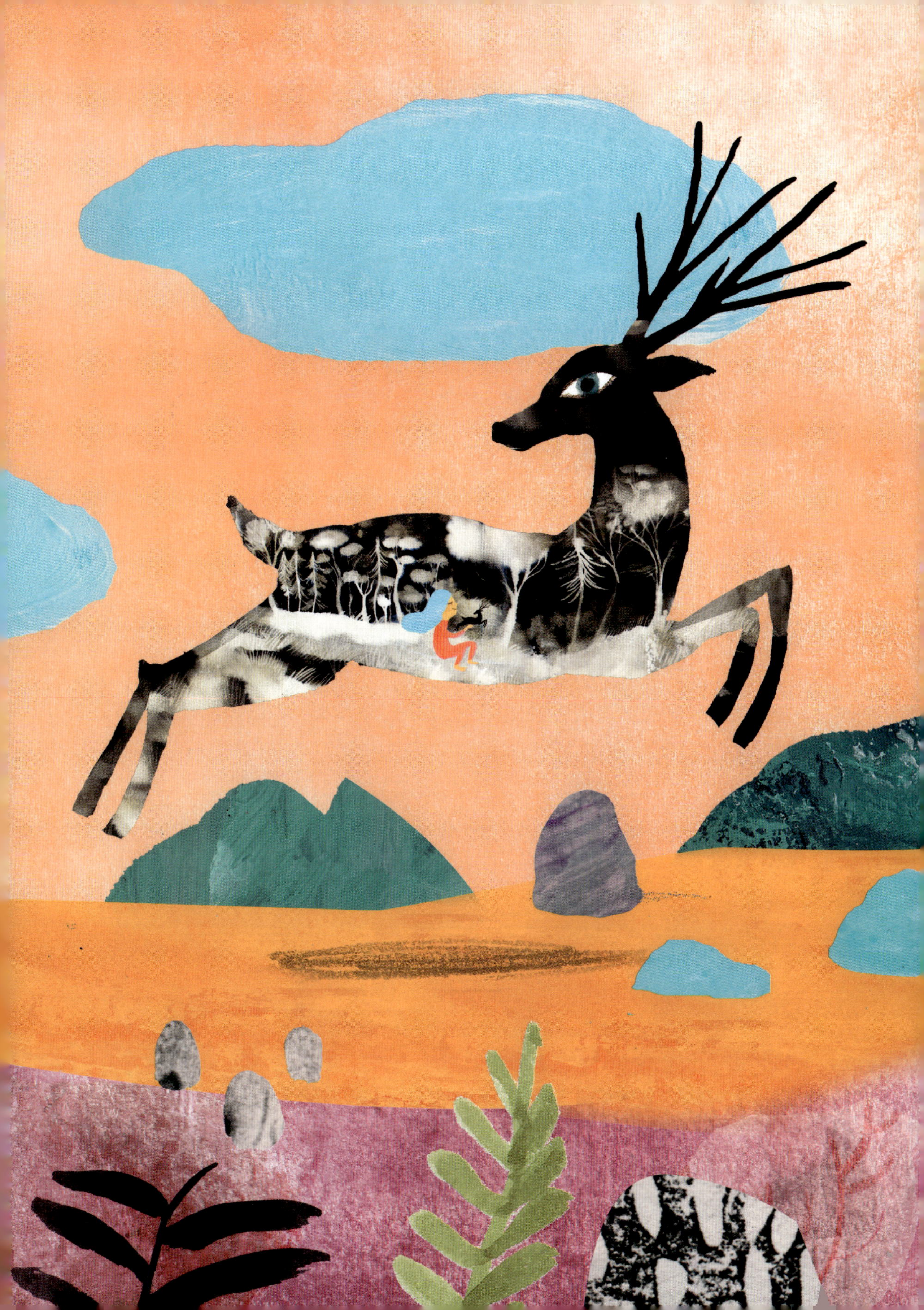

TE EXPLICO ESTO A TUS CINCUENTA AÑOS

No tengas miedo de mi muerte

ocurrirá muy pronto
(el corazón
o los pulmones)

luego los restos y una zarza
cubierta de plaga sobre el alféizar.

Si aceptas lo extraño
y me hablas cada tarde:
"Papá
me estoy volviendo vieja",
daré los frutos más dulces del mundo.

NATURALEZA VII

No todo tiene que ver con el sonido, por supuesto.
Las ranas podrían hacerlo entonces (tal vez pueden).
No todo tiene que ver con la extrañeza: un dragón
en el bolsillo. Ni con las historias: caminaba por
el campo y vi un ovni. Pequeña manos de pulpo,
no todo tiene que ver con el reemplazo.

Hay algo más. Quizás una luz que parpadea en alguna parte. ¿En el cerebro? Podría ser fósforo o un objeto metálico.

¿Por qué todo tiene que ser un acertijo?

No lo sé, pero si fallas puedes volver a intentarlo.

LA PEOR PESADILLA

La sirenita roja
llevaba algas y plancton
a casa de su abuela
cuando se encontró con el malvado pez dragón.

Se miraron.
Colmillos. Escamas.

En dos segundos
el amor liberó su tinta pegajosa.

Bioluminiscentes
de pronto
descendieron a aguas abisales.

ESCONDIDAS II

No cepilles tus dientes.
Constelaciones
de bacterias te adoran.

NATURALEZA VIII

Dentro de tu cuerpo ocurren cosas. Los pulmones trabajan para llevar el oxígeno que tomas del aire a la sangre. La boca, faringe, esófago, estómago, intestino delgado e intestino grueso se encargan de digerir los alimentos para que puedan ser absorbidos y utilizados por las células. El cerebro organiza y coordina tus movimientos, emociones y pensamientos. El corazón bombea la sangre a todo tu cuerpo. Esos órganos y aparatos, sumados a muchos otros, se relacionan entre sí de maneras complejas para que puedas estar en el mundo.

Y entonces dices:
"Me gusta cuando el cielo parece
hecho de papel azul".

Hermosos accidentes.

Dentro del cuerpo del poema también ocurren
cosas. Diversos sistemas trabajan en conjunto
para lograr un objetivo en común. Algunos
materiales son asimilados y otros expulsados.
Una fuerza pasa de un lado a otro.
Algo bombea, algo se mueve.

¿Recuerdas al muñeco de madera que podía
cantar y bailar?

Corremos y levantamos pasto. Sonríes.
Te quedan todas las bengalas.

ESTO ES LO QUE PUEDO DECIRTE

El movimiento de las olas.
Las raíces que rompen el concreto
y se liberan. Los salmones
que saltan sobre las rocas
para desovar río arriba.

Música y fuerza, pequeña,
creo que de eso se trata.

Pero es apenas el principio.

Jess

Una extraña seta en el jardín, de Luis Eduardo García,
se terminó de imprimir en septiembre de 2018 en Impresora y
Encuadernadora Progreso, S. A. de C. V. (IEPSA),
calzada San Lorenzo, 244; 09830 Ciudad de México.

El tiraje fue de 9 000 ejemplares.